Monika Gänsler

Transparente WINTERZEIT

Basteln mit Transparentpapier

frechverlag

Der Weihnachtsmann kommt!

Abbildung Seite 1

MOTIV HÖHE ca. 27,5 cm

TONKARTON:
Grün
FASERSEIDE:
Rot mit Goldfäden

Das Motiv wird auf dunkelgrünen Tonkarton übertragen und mit einem Cutter ausgeschnitten (siehe Seite 4-6). Dann können Sie das komplette Motiv mit roter Faserseide bzw. Strohseidenpapier hinterkleben. Schon stapft der Weihnachtsmann an Ihrem Fenster entlang!

Drei kleine Steckenpferdchen

Abbildung Seite 3

MOTIV HÖHE ca. 24,5 cm

TONKARTON: Rot,
Dunkelgrün,
Dunkelblau
und Schwarz
TRANSPARENTPAPIER: Gelb,
Dunkelgrün, Rot
und Dunkelblau

Übertragen Sie mit Hilfe einer Schablone (siehe Seite 4-6) das Steckenpferdchen auf die gewünschte Tonkartonfarbe. Schneiden Sie die Innenflächen aus und danach die äußere Kontur.

Der Kopf des roten Pferdchens bekommt ein dunkelgrünes Gesicht und ein gelbes Rad.
Das grüne Pferdchen erhält ein dunkelblaues Gesicht und ein rotes Rad.
Das Gesicht des dunkelblauen Pferdchens wird mit gelbem und das Rad mit dunkelgrünem Transparentpapier hinterlegt.
Jedes Steckenpferdchen erhält ein Auge, das mit einem Bürolocher aus schwarzem Tonkarton ausgestanzt wird. Das Nasenloch und der Mund werden mit einem dünnen schwarzen Stift aufgemalt.
Es können noch viele weitere Pferdchen dazukommen und sich an Ihrem Fenster tummeln.

Fotos: frechverlag GmbH + Co. Druck KG, 70499 Stuttgart;
Fotostudio Ullrich & Co., Renningen

Dieses Buch enthält:
2 Vorlagenbogen

Auflage: 5. 4. 3. 2. | Letzte Zahlen
Jahr: 2003 2002 2001 2000 1999 | maßgebend

frechverlag GmbH + Co. Druck KG, 70499 Stuttgart

ISBN 3-7724-2512-7 · Best.-Nr. 2512

Druck: frechverlag GmbH + Co. Druck KG, 70499 Stuttgart

Endlich ist es soweit!

Die schönste Bastelzeit des Jahres hat begonnen. Weihnachten steht vor der Tür und der Winter zeigt sich von seiner eisigen Seite. Genau die richtige Jahreszeit, um es sich zu Hause bei Kerzenschein gemütlich zu machen und die Wohnung mit transparenten Motiven zu dekorieren.

Am Fenster schmückt der fleißige Weihnachtsmann den Tannenbaum, Nussmännchen schauen neugierig in die Welt, ein Nikolausstiefel verschönert den Adventstisch, Lebkuchenherzen erinnern an weihnachtliche Düfte und Tischlaternen tauchen die Räume in ein warmes Licht.

Viel Spaß mit den transparenten Wintermotiven wünscht Ihnen

Ihre
Monika Gänsler

So wird's gemacht

ARBEITEN MIT SCHABLONEN

1• Wenn Sie ein Motiv mehrmals arbeiten möchten, sollten Sie eine Schablone anfertigen. Legen Sie dazu Transparent- oder Butterbrotpapier auf den Vorlagenbogen und pausen Sie das Motiv und die Einzelteile mit einem Bleistift ab.

2• Das Transparentpapier mit den Zeichnungen kleben Sie auf eine dünne Pappe. Jetzt schneiden Sie alle Teile aus. Beim Hirten werden erst die Innenflächen und danach die äußere Kontur frei gelegt. Fertig sind Ihre Schablonen. Legen Sie die Schablonen auf den Tonkarton oder das Transparentpapier in der gewünschten Farbe (z. B. die Nase des Hirten) und ziehen Sie die Konturen mit einem Bleistift nach. Schneiden Sie das Motiv und die Einzelteile exakt aus, zuerst wieder die Innenflächen, danach die äußere Kontur des Motivs.

3• Zum Hinterkleben können Sie Transparentpapier oder Faserseide (bzw. Strohseidenpapier) benutzen.
Legen Sie dazu das transparente Papier auf das Motiv und übertragen Sie die Konturen der

Bastelmaterial

TONKARTON in verschiedenen Farben
TONPAPIER in verschiedenen Farben
TRANSPARENTPAPIER in verschiedenen Farben (oder Drachenpapier)
REGENBOGEN-TRANSPARENT-PAPIER
FASERSEIDE bzw. STROHSEIDEN-PAPIER in verschiedenen Farben
TRANSPARENT- oder BUTTERBROTPAPIER zum Übertragen der Vorlagen
KOHLEPAPIER bzw. Schneiderpauspapier
DÜNNE GOLDKORDEL für Girlanden
DÜNNE PAPPE für Schablonen
KLEBSTOFF

Zum Aufkleben der unterschiedlichen Papiere hat sich UHU-Kraft als günstig erwiesen.

Bastelwerkzeug

Mittelgroße, spitze SCHERE
Kleine, halbrunde NAGEL-SCHERE
CUTTER mit SCHNEIDE-UNTERLAGE
BÜROLOCHER
LOCHZANGE
BLEISTIFT
RADIERGUMMI
Dünner schwarzer STIFT
LINEAL und eventuell GEO-DREIECK
Eventuell eine NADEL zum Anritzen
Eventuell KREISSCHABLONE oder ZIRKEL

Innenflächen mit einem Bleistift auf das Papier. Die Umrisse scheinen durch das Transparentpapier hindurch. Oder halten Sie beides gegen eine Fensterscheibe, so werden die Konturen noch besser sichtbar. Denken Sie daran, dass Sie genügend Fläche zum Aufkleben benötigen!

4• Nachdem Sie alle Transparentpapierteile ausgeschnitten haben, können Sie die Kartonstege von hinten mit UHU-Kraft bestreichen und die einzelnen Teile aufkleben. Überstehende Transparentpapierteile werden mit einer Schere nachgearbeitet.
Erhält das gewünschte Motiv noch eine Nase und Augen, so müssen Sie diese wieder von vorne aufkleben. Einige Modelle werden abschließend noch mit einem dünnen schwarzen Stift bemalt.

ARBEITEN MIT KOHLEPAPIER

Hier eine weitere Möglichkeit, das Motiv auf den Tonkarton zu übertragen, die sich vor allem bei großen Motiven anbietet: Legen Sie einen Bogen Kohlepapier bzw. Schneiderpauspapier (bei sehr dunklen Farben) auf den Tonkarton und darüber den Vorlagenbogen. Fixieren Sie beide Bogen mit einem Klebestreifen auf dem Tonkartonbogen und ziehen Sie jetzt mit einem Bleistift das gewünschte Motiv nach.
Das übertragene Motiv schneiden Sie mit einem Cutter auf einer geeigneten Schneideunterlage aus, zuerst die Innenflächen und dann die äußere Kontur.

TIPP • TIPP • TIPP
Möchten Sie, dass die Rückseite genauso hübsch aussieht, brauchen Sie das Motiv nur zweimal aus Tonkarton (bzw. Tonpapier) auszuschneiden und nach dem Hinterkleben des ersten Teiles das zweite Teil deckungsgleich aufzukleben. Dies empfiehlt sich vor allem für Fensterbilder.

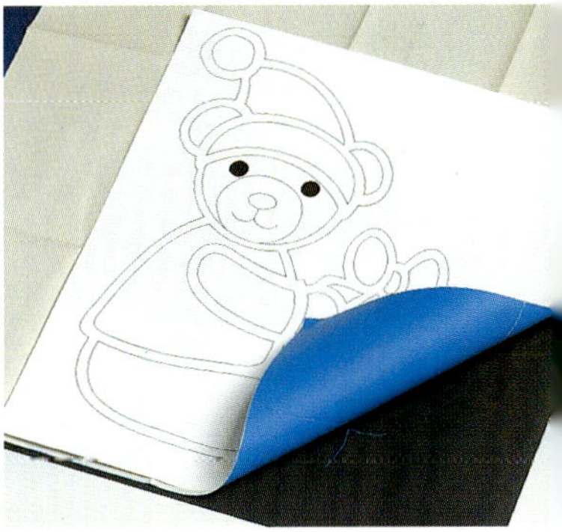

Tipps und Tricks

1• Bei den dreiflügeligen Motiven wird erst die äußere Kontur nachgeschnitten, dann werden die beiden Außenteile an den gestrichelten Linien nach hinten geknickt. Damit sich das Knicken leichter und exakter durchführen lässt, sollten Sie die gestrichelten Linien zuvor mit einer Nadel nachziehen. Erst danach werden die Innenflächen herausgetrennt.

2• Die begrenzte Farbauswahl des Transparentpapiers können Sie erweitern, indem Sie verschiedene Farben übereinander kleben oder einen Farbton doppelt aufkleben. Besonders bei weißen Flächen bietet es sich an, diese doppelt zu bekleben. Doch schauen Sie selbst, was alles möglich ist.

3• Achten Sie beim Hinterkleben der Motive darauf, dass der aufgetragene Klebstoff nicht auf die sichtbaren Transparentpapierflächen hervorquillt.

4• Viele Motive erhalten nach dem Hinterkleben noch ein paar Einzelteile aufgeklebt (z. B. Nasen, Augen usw.). Für solche Einzelteile können Sie Schablonen anfertigen, diese danach auf Tonkarton, Tonpapier, Transparentpapier oder Faserseide legen, mit einem Bleistift umranden und die Teile ausschneiden.

Zuckerstangen

MOTIV HÖHE Zuckerstangen ca. 20,5 cm

TONKARTON: Orange, Rot, Gelb und Grün
TRANSPARENTPAPIER: Dunkelblau, Dunkelgrün, Gelb, Orange, Rot und Weiß

Die Zuckerstangen werden von hinten abwechselnd mit farbigen und weißen Transparentpapierteilen hinterklebt, die weißen Flächen doppelt. Die farbigen Teile greifen die Tonkartonfarbe auf, nur die Schleifen setzen einen farbigen Kontrast. Für die Einzelschleifen werden dieselben Transparentpapierfarben verwendet wie für die Schleifen an den farblich entsprechenden Zuckerstangen. Mmh, eine süße Leckerei!

Bald ist die Bescherung!

Abbildung Seite 8/9

TONKARTON: Schwarz
TRANSPARENTPAPIER: Rot, Weiß, Hellorange, Dunkelblau, Gelb, Orange, Hellblau, Hell- und Dunkelgrün

Übertragen Sie mit Hilfe von Schablonen oder Kohlepapier die Motive auf schwarzen Tonkarton. Schneiden Sie zuerst alle Innenflächen heraus und danach die äußere Kontur.
Der Weihnachtsmann wird rotweiß angezogen. Er bekommt ein hellorangefarbenes Gesicht, einen dunkelblauen Handschuh und einen gelben Stern. Diesen sollten Sie doppelt hinterlegen. Ein mit dem Bürolocher aus Tonkarton gestanztes Auge und ein aufgemaltes Nasenloch komplettieren den Weihnachtsmann.
Der Sack mit den Geschenken wird dunkelblau hinterlegt. Er erhält einen gelben Flicken und einen gelben Rand. Viele bunte Geschenke gucken aus dem Sack. Hinterkleben Sie alle gelben Flächen und alle Geschenke zweifach mit Transparentpapier. Die schwarzen Stiche auf dem Flicken werden aufgemalt.

Fortsetzung Seite 8 ➤

➤ Fortsetzung von Seite 6

Der Weihnachtsbaum wird mit dunkelgrünem Transparentpapier von hinten beklebt. Die gelbe Kette, die den Baum schmückt, sollten Sie mit gelbem Transparentpapier doppelt hinterkleben. Sieben kleine, aus Tonkarton gearbeitete Herzen werden jetzt über den ganzen Baum verteilt (siehe Tipp 4, Seite 6).

Dann schneiden Sie von hinten die Herzflächen vorsichtig aus und hinterlegen alle Herzchen in verschiedenen Farben.

Auch hier sollten Sie das Transparentpapier doppelt legen, um mehr Leuchtkraft zu erzielen.

Wenn der Weihnachtsmann den Stern auf die Spitze gesteckt hat, dauert es bestimmt nicht mehr lange bis zur Bescherung.

MOTIVHÖHE
Weihnachtsmann
ca. 34,0 cm

Mützе an Mütze

TONPAPIER: Petrol
TRANSPARENTPAPIER: Weiß
REGENBOGEN-TRANSPARENT-PAPIER

Erstellen Sie von der Pudelmütze eine Schablone und legen Sie diese auf einen Streifen Tonpapier. Die linke Kante des Motivs sollte genau mit der Seitenkante des Tonpapierstreifens abschließen und die Unterkante des Motivs mit der Unterkante des Tonpapierstreifens.
Übertragen Sie das Motiv mit einem Bleistift auf das Papier und falten Sie den ganzen Papierstreifen in der Breite des Motivs ziehharmonikaartig zusammen. Achten Sie darauf, dass sich die Unterkanten nicht verschieben. Damit sich das Bandornament leichter falten lässt, können Sie mit Hilfe eines Geodreiecks und einer Nadel die Faltlinien leicht anritzen. Schneiden Sie mit einem scharfen Cutter die Innenflächen heraus und danach die äußere Kontur.
Dann beginnen Sie mit dem Hinterkleben. Die Pudelmützen werden mit regenbogenfarbigem Transparentpapier hinterlegt und erhalten weiße Pompons und weiße Ränder. Alle Mützen werden einzeln hinterklebt.

MOTIV HÖHE ca. 13,0 cm

Bin ich nicht ein riesiger Kerl?

Abbildung Seite 11

TONKARTON: Petrol und Schwarz
TRANSPARENTPAPIER: Weiß
REGENBOGEN-TRANSPARENT-PAPIER

Übertragen Sie mit Hilfe von Kohlepapier diesen riesigen Schneemann vom Vorlagenbogen auf petrolfarbenen Tonkarton.
Schneiden Sie alle Innenflächen aus. Danach wird die äußere Kontur nachgeschnitten. Hinterkleben Sie den Schal, die Tassenmütze und den Besen mit Regenbogen-Transparentpapier. Das Gesicht und der Körper werden mit weißem Transparentpapier zweifach hinterlegt. Ergänzen Sie jetzt die Augen und die Knöpfe aus schwarzem Tonkarton von vorne (siehe Tipp 4, Seite 6). Eine freche Nase aus Regenbogen-Transparentpapier darf nicht fehlen. Mit einem schwarzen Stift wird der Mund aufgemalt. Und schon ist der riesige Kerl fertig!

MOTIV
HÖHE
ca. 43,0 cm

Stiefelchen und Tannenlichter

Stiefelgirlande

MOTIV HÖHE Stiefelchen ca. 13,5 cm

TONKARTON: Rot und Gelb
TRANSPARENTPAPIER: Rot, Weiß und Gelb

Fertigen Sie von dem Stiefel und dem Stern eine Schablone und übertragen Sie jedes Motiv in der gewünschten Anzahl auf Tonkarton der entsprechenden Farbe. Schneiden Sie die Innenflächen heraus, bevor Sie die äußere Kontur ausschneiden.
Die Nikolausstiefel werden mit rotem und weißem Transparentpapier in doppelter Lage hinterklebt. Die Sterne erhalten zwei Lagen Transparentpapier in Gelb.
Mit der Lochzange stanzen Sie in jedes Teil im oberen Bereich zwei Löcher. Nun können Sie abwechselnd Sterne und Stiefel auf eine dünne Goldkordel fädeln.
Solch eine Girlande ist ein ganz besonderer Weihnachtsschmuck für das Fenster oder frei im Zimmer hängend. Falls Sie die Bänder frei aufhängen möchten, sollten Sie alle Teile beidseitig arbeiten. Dazu finden Sie Tipps auf Seite 5.

Tischlaternen „Tanne“

TONPAPIER: Grün und Rot
TRANSPARENTPAPIER: Dunkelgrün und Rot

GROSSE LATERNE

MOTIV HÖHE ca. 12,0 cm

Zuerst schneiden Sie einen Tonpapierstreifen in der Größe 13,5 cm x 36,5 cm zu. Dann zeichnen Sie nach Vorlage alle Innenlinien auf. Die Maße finden Sie auf dem Vorlagenbogen. Damit Sie die Laterne nachher leichter falten können, sollten Sie die gestrichelten Innenlinien mit einer Nadel leicht nachziehen. Die gepunkteten Linien werden mit einer Schere eingeschnitten und die Klebelasche wird angefertigt. Als nächstes falten Sie den Tonpapierstreifen ziehharmonikaartig zusammen (siehe Skizze auf dem Vorlagenbogen). Jetzt legen Sie Ihre Tannenbaumschablone auf das gefaltete Tonpapier und ziehen die Konturen nach. Dann schneiden Sie mit einem Cutter, die Klinge sollte natürlich nicht stumpf sein, die Innenflächen und die äußere Kontur der vier Lagen nach. Durch Zusammentackern der vierlagigen Tonpapier-Ziehharmonika lässt sich ein Verrutschen vermeiden. Achten Sie jedoch darauf, dass Sie nicht ins Motiv tackern. Durch dieses Verfahren können Sie gleichzeitig alle vier Seiten der Laterne erstellen.
Nun werden die grünen Laternen mit rotem und die roten Laternen mit grünem Transparentpapier hinterklebt. Dabei sieht es schöner aus, wenn Sie die kompletten Seitenteile mit Transparentpapier hinterlegen. Jetzt knicken Sie die ganze Laterne in die richtige Form, bestreichen die Bodenflächenstreifen an den Ecken mit etwas Kleber und kleben die Laterne zusammen. Durch das Ankleben der schmalen Klebelasche wird die Laterne geschlossen.

KLEINE LATERNE

MOTIV HÖHE ca. 9,5 cm

Die kleinen Laternen basteln Sie genauso, die Maße des Tonpapierstreifens sind 11 cm x 28,5 cm.

WICHTIGER HINWEIS
Lassen Sie Kerzen oder Teelichter, die Sie in Ihre Laternen stellen, niemals unbeaufsichtigt brennen!

Wir sind drei goldene Nussmännchen

MOTIV HÖHE ca. 23,0 cm

TONKARTON: Gold und Schwarz
TRANSPARENTPAPIER: Dunkelbraun, Hellorange, Weiß, Hellblau, Hellgrün, Rot und Rosa

Schneiden Sie dreimal das Nussmännchen aus und hinterkleben Sie die Körper mit dunkelbraunem Transparentpapier.
Die Gesichter und die Schulterflächen werden mit Hellorange hinterlegt, die Mützenränder und die Pompons zweifach mit Weiß. Das Männchen mit dem roten Schal bekommt eine hellblaue Mütze, das mit dem hellblauen Schal erhält eine grüne Mütze und das letzte mit dem grünen Schal eine rote Mütze.
Mit einem Bürolocher werden die Augen aus schwarzem Tonkarton ausgestanzt und von vorne auf die Gesichter geklebt. Auch die kleinen rosafarbenen Nasen aus Transparentpapier dürfen nicht fehlen. Malen Sie mit einem schwarzen Stift jeweils die Augenbrauen und den Mund auf. Fertig!

Ein Hirte auf dem Feld

Beschreibung Seite 18

Ein Hirte auf dem Feld

MOTIV HÖHE Hirte ca. 26,0 cm

Abbildung Seite 16/17

TONKARTON: Schwarz
TRANSPARENTPAPIER: Weiß, Hellorange, Rosa, zwei Grüntöne und Gelb

Übertragen Sie die Motive auf schwarzen Tonkarton, schneiden Sie alle Teile mit einem Cutter aus und hinterkleben Sie sie folgendermaßen: Der Mantel wird mit dunkelgrünem Transparentpapier hinterlegt, die Handflächen werden von hinten herausgeschnitten, Gesicht und Hände erhalten hellorangefarbenes Transparentpapier. Von vorne bekommt der aufmerksame Hirte eine aus rosafarbenem Transparentpapier gearbeitete Nase und zwei Augen, die mit einem Bürolocher aus schwarzem Tonkarton gestanzt werden. Den Mund malen Sie mit einem schwarzen Stift auf. Die kleinen Schäfchen werden mit zwei Lagen weißem Transparentpapier hinterklebt. Für die Gesichter verwenden Sie Hellorange. Nun bekommt jedes Schäfchen ein aus Tonkarton ausgestanztes Auge. Nasenloch und Mund werden jeweils aufgemalt.
Damit alle Sterne schön leuchten, hinterlegen Sie sie doppelt mit gelbem Transparentpapier. Eine Tanne erhält ein dunkelgrünes Kleid und zwei Tannen ein hellgrünes. Jetzt können Sie den Hirten mit seinen Schäfchen an Ihrem Fenster platzieren.

Kleine Nikolausstiefel

MOTIV HÖHE Stiefel ca. 13,5 cm

Abbildung Seite 19

TONKARTON: Schwarz
FASERSEIDE: Grün, Gelb, Weiß und Rot

Übertragen Sie mit Hilfe von Schablonen alle Motive in der gewünschten Anzahl auf schwarzen Tonkarton und schneiden Sie die Teile aus. Jeder Stern wird gelb hinterklebt, alle Tannenzweige erhalten ihre grüne Farbe. Die Stiefel werden mit weißer, gelber und roter Faserseide vervollständigt. Zu den drei Stiefeln können sich noch viele weitere gesellen.

Zwei Freunde, Weihnachtsmann und Schneemann!

Abbildung Seite 20

TONKARTON: Dunkelblau, Dunkelgrün und Schwarz
TRANSPARENTPAPIER: Rot, Weiß, Hellorange, Rosa, Dunkelblau, Hellgrün und Gelb

Weihnachtsmannlaterne

MOTIV HÖHE ca. 11,0 cm

Übertragen Sie den Weihnachtsmann viermal auf die Grundform der Laterne (siehe Vorlagenbogen) und schneiden Sie erst die äußere Kontur aus.
Nun falzen Sie alle gestrichelten Linien und streichen danach den Karton wieder glatt. Jetzt können Sie vorsichtig mit einem Cutter (scharfe Klinge!) die Innenflächen heraustrennen. Anschließend die Laterne wenden und von hinten bekleben. Mütze und Körper werden mit rotem Transparentpapier hinterlegt, der dünne Gürtel bekommt gelbes Transparentpapier, das Gesicht wird hellorange, die Handschuhe werden abwechselnd dunkelblau und hellgrün. Die komplette Laternenrücksei-

Kleine Nikolausstiefel

Beschreibung Seite 18

te wird nun mit weißem Transparentpapier hinterklebt, somit sind alle Flächen geschlossen. Von vorne kleben Sie jeweils die mit einer Lochzange aus Tonkarton ausgestanzten Augen und die Nase aus rosafarbenem Transparentpapier auf. Vergessen Sie nicht, die Gürtelschnallen aus Tonkarton anzubringen (siehe Tipp 4, Seite 6). Dann malen Sie mit einem schwarzen Stift jedem Weihnachtsmann seinen Mund auf.
Nun können Sie die Laterne schließen, indem Sie alle Seitenlaschen mit Klebstoff bestreichen und von hinten an jede Seite ankleben.

Schneemannlaterne

MOTIV HÖHE ca. 11,7 cm

Arbeiten Sie diese kleine Tischlaterne genauso, doch hinterlegen Sie die Mützen mit gelbem und grünem Transparentpapier bzw. gelbem und rotem Transparentpapier.
Durch das Hinterkleben der kompletten Laternenrückseite mit weißem Transparentpapier werden auch hier alle Flächen geschlossen.
Von vorne brauchen diese kleinen Gesellen noch Augen und Knöpfe. Fertigen Sie die Augen mit der Lochzange und die Knöpfe mit dem Bürolocher aus Tonkarton an und kleben Sie sie von vorne auf das weiße Transparentpapier. Natürlich braucht jeder Schneemann eine rote Nase, die Sie aus Transparentpapier schneiden können (siehe Tipp 4, Seite 6). Mit einem schwarzen Stift malen Sie jeweils den Mund auf. Fertig!
Da der Laternenboden bei beiden Laternen nicht geschlossen ist, können Sie die Laternen von oben vorsichtig (!!!) über das brennende Teelicht stülpen.

WICHTIGER HINWEIS

Lassen Sie Ihre Kerzen und Teelichter nie unbeaufsichtigt brennen!

Oh, wie festlich!

TONKARTON: Gold
FASERSEIDE: Gelb, Rot mit Goldfäden und Dunkelgrün mit Goldfäden

Übertragen Sie mit Schablonen alle Motivteile auf den goldfarbenen Tonkarton und schneiden Sie die Teile aus.

Die Ilexblätter werden dunkelgrün hinterklebt, alle Beeren bekommen eine rote Farbe. Die Flamme und der Kerzenschein werden mit gelber Faserseide hinterlegt. Nun brennt die erste Kerze und kündigt das bevorstehende Weihnachtsfest an.

MOTIVHÖHE
Kerze mit Ilexblättern
ca. 21,5 cm

Lecker, lecker, lecker

TONKARTON: Braun, Schwarz und Grün
TONPAPIER: Braun
TRANSPARENTPAPIER: Hellgrün, Hellorange und Dunkelbraun

Lebkuchenmännchen

Fertigen Sie von dem Lebkuchenmännchen und der kleinen Tanne eine Schablone und zeichnen Sie die Motive in der benötigten Anzahl auf Tonkarton der gewünschten Farbe. Schneiden Sie die Innenflächen heraus, bevor Sie die äußere Kontur frei legen.
Beim Hinterkleben erhält der Lebkuchenmann einen braunen

Transparentpapierkörper. Als nächstes bekommt der kleine Kerl von vorne die Augen, den Mund, beide Armteile und zwei Mandeln aufgeklebt. Die Innenflächen zwischen Armen und Oberkörper werden von hinten entfernt und nicht hinterklebt. Die Innenflächen der Mandeln werden ebenfalls von hinten herausgeschnitten, jedoch mit hellorangefarbenem Transparentpapier hinterlegt.

Die kleinen Tannen bekommen ein zweilagiges hellgrünes Kleid.

Dann stanzen Sie mit der Lochzange in jedes Teil im oberen Bereich zwei Löcher, durch die eine Goldkordel gefädelt wird.

MOTIVHÖHEN
Lebkuchenmännchen ca. 15,5 cm
Lebkuchenherzen ca. 10,0 cm

Lebkuchenherzen

Abbildung Seite 22/23

Erstellen Sie von dem Lebkuchenherz eine Schablone und legen Sie diese auf einen Streifen braunes Tonpapier. Die linke Kante des Motivs sollte genau mit der Seitenkante des Streifens abschließen und die Unterkante des Motivs mit der Unterkante des Tonpapierstreifens. Übertragen Sie das Motiv mit einem Bleistift auf das Papier und falten Sie den ganzen Streifen in der Breite des Motivs ziehharmonikaartig zusammen. Achten Sie darauf, dass sich die Unterkanten nicht verschieben. Damit sich das Bandornament leichter falten lässt, können Sie mit Hilfe eines Geodreiecks und einer Nadel die Faltlinien leicht anritzen. Schneiden Sie mit einem scharfen Cutter die Innenflächen heraus und danach die äußere Kontur.
Das Transparentpapier können Sie genauso ziehharmonikaartig falten und die Herzen wie beim Tonpapierbandornament herstellen. Dann können Sie mit dem Hinterkleben beginnen. Von vorne erhält jedes Herz drei Mandeln aus Tonpapier, deren Innenflächen von hinten mit einem Cutter oder einer Schere entfernt werden.

Hurra, der Nikolaus war da!

MOTIV HÖHE ca. 30,5 cm

Abbildung Seite 25

TONKARTON: Silber
FASERSEIDE: Gelb, Grün, Pink, Weiß, Hellblau und Dunkelbraun

Das Stiefelmotiv vom Vorlagenbogen mit Hilfe von Kohlepapier auf silberfarbenen Tonkarton übertragen. Jetzt schneiden Sie erst die äußere Kontur mit einem Cutter nach. Dann knicken Sie den Karton an den gestrichelten Linien nach hinten (siehe Tipp 1, Seite 6) und streichen danach den Karton wieder glatt. Nun werden alle Innenflächen ausgeschnitten und die Sterne mit gelber, die Tannenzweige mit grüner und die Herzen mit dunkelbrauner Faserseide hinterklebt.
Der große Stiefel bekommt eine pinkfarbene Fläche und einen weißen Rand. Die Zwischenräume hinterlegen Sie mit hellblauer Faserseide. Ein einzeln ausgeschnittener Stern (siehe Tipp 4, Seite 6) wird jetzt von vorne auf die pinkfarbene Stiefelfläche geklebt. Schneiden Sie von der Rückseite die Innenfläche des Sterns heraus und hinterkleben Sie diese ebenfalls mit gelber Faserseide.
Dieser prall gefüllte Nikolausstiefel kann seine Wirkung besonders gut entfalten, wenn Sie ihn von hinten beleuchten.

Engelschar

MOTIV HÖHE ca. 12,0 cm

Abbildung Seite 25

TONKARTON: Weiß
FASERSEIDE: Gelb, Weiß, Rosa und Violett

Übertragen Sie mit Hilfe der Schablonen die Engel und die Sterne auf weißen Tonkarton und schneiden Sie sie aus. Erst werden die Innenflächen frei gelegt und danach die äußeren Konturen nachgeschnitten. Hinterkleben Sie die Engel mit rosa, weißer und violetter Faserseide. Die Sterne werden mit gelber Faserseide hinterlegt. Jetzt können die Engel an Ihrem Fenster entlangfliegen.

Herrliche Winterzeit!

TONKARTON: Schwarz
TRANSPARENTPAPIER: Hellblau, Gelb, Rot, Dunkelblau, Rosa, Hellorange, Weiß und Dunkelgrün

Übertragen Sie mit Hilfe von Kohlepapier das Wintermotiv vom Vorlagenbogen auf schwarzen Tonkarton. Dann schneiden Sie die Außenkontur nach.

An den gestrichelten Linien wird der Karton gefalzt (siehe Tipp 1, Seite 6) und danach wieder glatt gestrichen.
Nun schneiden Sie alle Innenflächen mit einem Cutter vorsichtig heraus.
Anschließend können Sie mit dem Hinterkleben beginnen, dazu wird Ihnen das Foto eine Hilfe sein. Die Tannen werden mit weißem oder dunkelgrünem Transparentpapier hinterlegt, die Schneeflächen erhalten die Farbe Weiß und der Himmel wird hellblau. Jetzt können alle Sterne und der Mond mit gelbem Transparentpapier hinterklebt werden.
Der kleine Junge bekommt eine dunkelblaue Mütze mit weißem Rand und rotem Pompon. Sein Pullover wird rot und die Hose blau hinterlegt. Blaue Handschuhe, der

MOTIV HÖHE ca. 23,5 cm

gelbe Schal und die gelben Schuhe dürfen nicht fehlen. Für das Gesicht benötigen Sie hellorangefarbenes Transparentpapier.
Kleben Sie die mit einer Lochzange aus schwarzem Tonkarton ausgestanzten Augen von vorne auf und ergänzen Sie die kleine rosafarbene Nase aus Transparentpapier (siehe Tipp 4, Seite 6). Den Mund und die Augenbrauen malen Sie mit einem dünnen schwarzen Stift auf.
Ein zweiter Stern wird aus Tonkarton geschnitten (siehe Tipp 4, Seite 6) und von vorne auf den hellblauen Himmel geklebt. Von hinten entfernen Sie das hellblaue Transparentpapier und ersetzen es durch gelbes.

Ganz zum Schluss wird die komplette Winterszene auf der Rückseite mit weißem Transparentpapier beklebt. Dieser Aufsteller erhellt, von hinten beleuchtet, dunkle Winterabende.

WICHTIGER HINWEIS

Falls Sie Kerzen oder Teelichter hinter dem dreiflügeligen Wintermotiv platzieren, sollten Sie diese nie unbeaufsichtigt brennen lassen.

Im Winterwald

TONPAPIER: Dunkelgrün, Dunkelblau und Schwarz
TRANSPARENTPAPIER: Hellgrün, Weiß, Orange und Dunkelblau

Diese Bänder werden genauso gefertigt wie das Lebkuchenband auf Seite 22/23.
Erstellen Sie von der Tanne bzw. dem Schneemann eine Schablone und legen Sie diese auf einen Streifen Tonpapier in Dunkelgrün bzw. Dunkelblau.
Die Tannenbäume erhalten ein Kleid aus hellgrünem Transparentpapier. Entweder fertigen Sie ein Transparentpapier-Bandornament in der Form des Tannenbaumes (wie beim Tonpapier) oder Sie hinterkleben jeden Baum einzeln.

Bei den Schneemännern werden die Hüte abwechselnd mit dunkelblauem oder hellgrünem Transparentpapier von hinten beklebt. Dann wird das Tonpapier-Bandornament mit einem Transparentpapier-Bandornament in Schneemannform hinterlegt. Sie können natürlich auch jeden Schneemann einzeln

mit weißem Transparentpapier hinterkleben. Von vorne muss jeder Schneemann noch Augen und Knöpfe aus schwarzem Tonpapier erhalten, diese können Sie mit einem Bürolocher ausstanzen. Die Nasen werden aus orangefarbenem Transparentpapier gearbeitet. Vergessen Sie nicht, jedem Schneemann einen Mund mit einem schwarzen Stift aufzumalen.

MOTIV HÖHEN
Tanne
ca. 12,0 cm
Schneemann
ca. 13,0 cm

Engelchen und Schneemann

Abbildung Seite 31

TONKARTON: Gold, Silber und Schwarz
TRANSPARENTPAPIER: Gelb, Rot, Hellorange, Weiß, Hellblau, Dunkelblau, Hell- und Dunkelgrün

Engelchen

Übertragen Sie mit Hilfe einer Schablone die Kerze und das Engelchen auf goldfarbenen Tonkarton. Wechseln Sie die Motive ab. Schneiden Sie jetzt die äußere Kontur nach und falzen Sie das Teil an den gestrichelten Linien zwischen den einzelnen Motiven zu einer Ziehharmonika.
Streichen Sie den Tonkarton wieder glatt und legen Sie die Motive mit dem Cutter frei.
Nun können Sie alles mit Transparentpapier hinterkleben. Die Kerzen erhalten ihre rote Farbe und den gelben Kerzenschein, von vorne bekommt jede Kerze noch einen aus Tonkarton gearbeiteten schwarzen Docht (siehe Tipp 4, Seite 6).
Die Engelchen haben gelbes Haar und tragen ein hellblaues und ein hellgrünes Kleid.
Die Gesichter und die Hände werden hellorange hinterklebt.
Nun werden die Rückseiten mit dem Engelmotiv komplett mit weißem Transparentpapier hinterlegt. Abschließend schmücken Sie beide Kleidchen von vorne mit einigen dunkelblauen und dunkelgrünen Pünktchen aus, die Sie mit einem Bürolocher ausgestanzt haben.

Schneemann

Arbeiten Sie diesen Aufsteller genauso wie den oben beschriebenen, verwenden Sie jedoch silberfarbenen Tonkarton.
Die drei Tannen erhalten ein dunkelgrünes Kleid, die Schneemänner bekommen entweder einen dunkelblauen Hut und einen gelben Schal oder einen gelben Hut und einen dunkelblauen Schal. Nun wird auch hier die komplette Rückseite der Schneemannmotive mit weißem Transparentpapier hinterklebt.
Von vorne bekommen die kleinen Kerle zwei Knöpfe und Augen aus schwarzem Tonkarton. Für die Herstellung der Augen können Sie eine Lochzange und für die Knöpfe einen Bürolocher benutzen. Die roten Nasen aus Transparentpapier dürfen natürlich nicht fehlen (siehe Tipp 4, Seite 6). Zum Schluss erhält noch jeder Schneemann mit einem schwarzen Stift einen Mund, schon ist der Aufsteller fertig!

Ich bringe schon einmal ein Geschenk!

Abbildung Seite 32

TONKARTON: Schwarz
TRANSPARENTPAPIER: Rot, Weiß, Hellorange und Dunkelgrün
REGENBOGEN-TRANSPARENTPAPIER

Übertragen Sie mit Hilfe von Kohlepapier das Motiv vom Vorlagenbogen auf schwarzen Tonkarton. Legen Sie erst alle Innenflächen frei, dann folgt die Außenkontur.
Beim Hinterkleben verwenden Sie für die Mütze und das Oberteil rotes Transparentpapier in doppelter Lage. Der Mützenrand und der Pompon werden mit weißem und die Hose mit dunkelgrünem Transparentpapier doppelt hinterlegt. Nun bekleben Sie von hinten das Gesicht, die Ohren, die Hand und den Fuß mit hellorangefarbenem Transparentpapier.
Das große Geschenk wird von hinten mit Regenbogen-Transparentpapier versehen.
Damit der liebe Kerl freundlich lächeln kann, braucht er ein hellorangefarbenes Schnauzenteil, zwei Augen und eine Nase aus schwarzem Tonkarton und einen aufgemalten Mund (siehe Tipp 4, Seite 6). Wie schön, dass schon das erste Geschenk da ist!

Engelchen
und Schneemann
Beschreibung Seite 30
MOTIV
HÖHE
ca. 9,5 cm

Ich bringe schon einmal ein Geschenk!

Beschreibung Seite 30